RAPPORT BIOGRAPHIQUE

SUR

P. TRIAIRE,

PRÉSENTÉ

par J. BESTIEU

AU CONSEIL MUNICIPAL DU VIGAN,

DANS LA SÉANCE DU 31 MAI DE SA SESSION ORDINAIRE, AU NOM D'UNE COMMISSION COMPOSÉE DE MM. *Argelliés*, *Brun*, ET *Bestieu*, RAPPORTEUR.

» Les grands hommes sont les titres
» de noblesse d'un pays. »

LE VIGAN,

IMPRIMERIE D'ARGELLIÉS, RUE DE LA PRAIRIE.

1858

La France a toujours conservé avec un respect religieux, le souvenir des hommes qui ont ajouté un fleuron de plus à sa couronne radieuse de gloire. A ce titre, elle marche encore aujourd'hui à la tête de la civilisation européenne. Sous ses auspices, souvent d'après ses conseils, constamment à l'aide de ses subsides, les villes les moins importantes de son vaste empire, sont décorées de monuments qui rappellent à la mémoire, les noms de héros, de savants illustres, de grands littérateurs, d'artistes distingués, d'habiles industriels et de manufacturiers hors ligne. Ce précieux musée à ciel ouvert, créé par la reconnaissance, et formé par un légitime orgueil, n'a rien à envier à celui de Versailles constellé d'or et de fleurs. Le moins habile narrateur d'une action glorieuse, peut donc espérer d'obtenir de l'indulgence pour son récit, et de trouver la France attentive à sa voix. Afin de mériter de pareils encouragements, efforçons-nous de remplir la tâche qui nous a été confiée, quelque difficile qu'elle soit à notre endroit; et essayons de faire connaître le dévoûment de Triaire, et l'ardent amour de cet intrépide soldat pour sa noble Patrie.

RAPPORT BIOGRAPHIQUE

SUR

P. TRIAIRE.

Pierre Triaire, né au Vigan, le 17 octobre 1771, était le fils aîné (1) de Pierre Triaire, maître-maçon, et de Jeanne Mouret, l'un et l'autre natifs et habitants de cette ville. Son caractère sérieux et résolu, sa fermeté généreuse et son activité naturelle, l'eurent bientôt décidé sur le choix d'un état. A peine âgé de dix-huit ans, il s'enrôla dans le régiment de Bourgogne, et fut rangé parmi les artilleurs que commandait Durand-Laroque, cevenol comme lui, et jouissant d'une grande réputation d'intelligence et de bravoure (2). Les conseils et le bon vouloir de cet officier supérieur dûrent exalter la vive imagination

(1) Les habitants du Vigan regardaient Jacques Triaire comme le fils aîné de sa famille, ce qui était une erreur. Ce titre appartenait à Pierre Triaire dont il s'agit ici.

(2) Durand la Roque, issu d'une famille distinguée de St-Hippolyte, fut nommé chevalier de St-Louis en 1771, et promu au grade de lieutenant-général en 1793.

du jeune soldat, et tracer devant lui la carrière d'hon--
neur qu'il était appelé à parcourir. Ce fut au siége de
Toulon que Triaire se trouva pour la première fois en
présence de l'ennemi. Le 10 frimaire an II (30 no-
vembre 1793) il voulut, à deux reprises différentes,
pénétrer dans le fort Malbusquet dont venait de s'emparer le général anglais O-Hara. Un premier revers fut
incapable d'abattre son courage et d'arrêter son élan.
Il essaya encore d'y parvenir malgré le feu soutenu des
assiégés ; mais alors suivi par ceux qui partageaient son
indignation et son intrépidité, il fut assez heureux pour
s'y établir et pour y arborer le drapeau de la Nation (3).
Après la prise de Toulon, il fut incorporé dans la
1re division de l'armée d'Italie ; et ce fut de là qu'il
écrivit à ses parents une lettre dont on nous a donné
connaissance, et qui se termine ainsi :

« Je ne vous demande aucune réponse, parce que
» ce serait du papier perdu, de l'encre gâtée, des
» plumes usées et de la peine prise mal à propos. Je vous
» dis adieu avec l'amitié la plus profonde de mon cœur
» pour long-temps. » En s'exprimant sur ce ton, ne
semblait-il pas dire : « Si je conserve la vie, je revien-
» drai auprès de vous fier et glorieux ; si je meurs, je
» ne serai pas tout-à-fait oublié » ?

Cette première campagne de la Péninsule Italique

(3) *Messager du Midi :* N° du vendredi 12 mars 1858.

ne fut-elle pas une guerre de Géants? Une armée française, réunie à la hâte, composée de recrues, manquant des choses les plus nécessaires à la vie, et obéissant à un général de vingt-sept ans, presque inconnu, culbuta néanmoins, dans toutes les rencontres et avec des gains immenses, une armée autrichienne nombreuse, aguerrie, pourvue de tout, et sous les ordres de généraux expérimentés et à qui l'Europe accordait des talens militaires remarquables. De semblables succès, n'ont pas lieu de surprendre : de deux armées en face l'une de l'autre, la victoire accordera ces constantes faveurs à celle dont le cœur battra aux idées le mieux en harmonie avec les progrès réels de la civilisation, et dont le Chef aura adopté un nouveau système d'attaque inspiré par son génie. Dans cette mémorable campagne, Triaire suivit les impulsions de son âme fortement trempée. On sait qu'au combat de Castiglione, il coopéra à la défense d'une redoute, que les Autrichiens attaquèrent avec acharnement et pourtant sans résultat. S'il ne fut pas, à cette époque, cité dans les bulletins du jour, c'est qu'il est impossible d'attirer sur soi une attention spéciale, lorsque tout le monde fait son devoir avec une ardeur admirable et avec une abnégation à toute épreuve. La conquête de l'Egypte décrétée, le régiment de Triaire fut compris dans le corps d'armée que le Directoire confia à ce Héros dont la place se trouve auprès de Charlemagne, comme grand capitaine,

et profond législateur (4) Sur la terre des Ptolémée,
Triaire combattit, avec le grade de sergent d'artillerie,
à la bataille des Pyramides, à la prise du Caire et à la
capitulation du fort El-Arisch.

Mustapha-Pacha, vaincu et fait prisonnier à Aboukir,
le 2 août 1799, Rajeb-Pacha, l'un de ses lieutenants,
rallia les troupes musulmanes qui avaient survécu à ce

(4) Voici ce qu'a écrit sur Napoléon Ier le R. P. Lacordaire, dans
son éloge funèbre de monseigneur de Forbin-Janson :

« Il y avait alors sur le trône de France un homme supérieur à tous
» ses contemporains, non-seulement par le génie de la guerre et de
» la législation, mais surtout par la profondeur de ses instincts
» religieux. Aussi grand par la conquête que Cyrus, Alexandre, César
» et Charlemagne, il avait eu le mérite de reporter sa nation vers
» Dieu ; et bravant jusque dans ses généraux les derniers sifflements
» de l'incroyance populaire, on l'avait vu saisir d'une main courageuse
» et tenir ensemble dans un même faisceau l'épée, le sceptre et la
» croix de Jésus-Christ. Ce grand homme n'avait de haine contre rien :
» ni contre Dieu, parce que lui-même était puissant et le créateur
» d'un monde nouveau ; ni contre la noblesse, parce que lui-même
» descendait en droite ligne de tous les vieux héros ; ni contre le
» peuple, parce que lui-même en était l'enfant ; ni contre le passé et
» l'avenir, parce qu'il se croyait aussi fort qu'eux. Homme social,
» il embrassait dans sa large poitrine toutes les pensées honnêtes de
» l'humanité, et n'y proscrivait rien que la bassesse et l'incapacité.
» Son armée, ses palais, ses conseils, sa main, s'étaient ouverts à tous
» les débris épars de la société française, et l'on rencontrait chez lui
» le marquis de l'ancien régime à côté du baron de l'Empire, l'homme
» de la Convention à la gauche de l'émigré, le soldat de la dernière vic-
» toire avec un abbé de St-Sulpice. »

désastre, et résolut de se rendre à Saint-Jean-d'Acre,
pour s'y ravitailler, et de se joindre à Djezzar qui avait
si vaillamment combattu pendant le siége de cette
ville. Unis entre eux par les mêmes intérêts, Djezzar
dut continuer à défendre cette place en cas de nouvelles
attaques de la part des Français; Rajeb-Pacha fut chargé
de marcher avec ses Janissaires sur El-Arisch, et de
s'en emparer à tout prix, afin d'enlever aux vainqueurs
d'Aboukir un lieu de retraite et le seul moyen de se
procurer de l'eau potable, dont ils éprouveraient, forcés
de traverser le désert, l'extrême et impérieux besoin. Ce
projet arrêté, Rajeb-Pacha se mit en marche. El-Arisch
était une forteresse d'un grand intérêt stratégique,
et d'autant plus précieuse qu'elle renfermait dans son
enceinte plusieurs puits abondants. Le général en chef
Bonaparte s'en était emparé en quatre jours de com-
bats (5), et l'avait confiée au courage et à l'énergie de
Cazals, sous le commandement duquel se trouvaient
trois cents hommes, et entre autres Triaire.

La garnison de ce fort ne tarda pas à être instruite
de la prochaine arrivée des Ottomans. Atteinte de
nostalgie, soumise à des privations nombreuses, pro-
fondément découragée en apprenant le départ pour la
France du général en chef et par la rumeur des négo-
ciations relatives à l'évacuation définitive de l'Egypte,

---

(5) A. Hugo ; *Histoire de l'empereur Napoléon*, pag. 116.

cette garnison traînait sa vie, sans force, sans courage et complètement démoralisée. Elle était dans cette triste disposition morale et dans ce profond abattement physique, quand Rajeb-Pacha somma le commandant de se rendre. Cazals répondit à cette sommation par un refus sans réticence : puis il réunit ses soldats découragés autour de lui et par ses pressantes exhortations, il parvint à relever leur moral, à stimuler leur ardeur et à faire couler dans leurs veines un sang plus généreux. A ces vives prières, et dans leur émotion, ceux-ci volèrent sur les remparts, combattirent avec leur bravoure déjà connue, et prouvèrent une fois encore à l'ennemi, qu'ils n'avaient pas dégénéré. Ce fut cependant le chant du cygne : la trompette ne sonna plus que pour le désordre, le tambour ne battit plus que pour la révolte. Autant leur exaltation avait été fougueuse, autant la prostration qui la suivit fut profonde et impossible à surmonter. La mutinerie, les rixes, les vengeances privées se manifestèrent à chaque heure, et régnèrent en souveraines malgré les efforts des chefs et des soldats qui voulaient vaincre ou mourir. Les plus lâches se portèrent à la dernière extrémité du désespoir. Ils employèrent la ruse et les procédés les moins légitimes, pour introduire les Turcs dans la place; mais leur trahison ne tarda pas à être punie, et leur succès déshonorant n'eut que la rapidité de l'éclair. — Parvenus dans El-Arisch, les assiégeants mirent le sabre à la main et n'épargnèrent pas ceux mêmes qui avaient concouru à leur victoire (6).

Après de nombreux pourparlers, et au zèle du colonel anglais Douglas, Cazals obtint enfin ce qu'il demandait ; la vie sauve, et la sortie de la forteresse avec armes et bagages, et les enseignes déployées. A peine le reste de la garnison qui n'avait pas trouvé la mort sous le damas des Musulmans en avait-il franchi les portes, que Triaire courut mettre le feu au magasin des poudres, dont les clés lui étaient confiées. Comme le chevalier d'Assas, dont un décret de l'Assemblée constituante venait d'honorer la mémoire, il voulut sauvegarder la gloire de l'armée, et la prévenir du piége où elle tomberait si elle croyait

(6) Thiers ; *Histoire du Consulat et de l'Empire* ; 2ᵉ édit. , Tom. II, pag. 28.

Mustapha-Pacha ayant été fait prisonnier à Aboukir par le général Murat, il était impossible qu'il se trouvât devant El-Arisch. Ce n'est donc pas lui qui somma Cazals de se rendre, et qui tint le propos qu'on lui prête. M. Thiers dit encore, que les assiégeants comptaient parmi eux des émigrés français. Cette assertion nous paraît un peu hasardée. Il y avait bien des émigrés dans les rangs des Turcs ; mais ils se trouvaient à St-Jean-d'Acre, où ils avaient puissamment contribué à la défense de cette ville importante : c'étaient Philippeaux, ingénieur d'un rare mérite, ancien condisciple de Bonaparte à l'école de Brienne, et Tromelin, officier d'artillerie distingué. (*A. Hugo; Ouvr. cit. pag.* 118.)

encore les Français paisibles possesseurs d'El-Arisch. N'était-ce pas aussi un regard vers l'immortalité, que ce désir de s'élever par ses propres forces, de mériter un nom illustre par ses seuls efforts, et de tout devoir à une volonté convaincue ? Aussitôt une flamme d'un rouge-bleuâtre apparut en une gerbe immense au-dessus des remparts, le roulement sinistre d'une terrible explosion se fit entendre, et les Turcs, écrasés et broyés, furent ensevelis sous les ruines de la partie de cette place d'armes que peu d'instants avant, ils se vantaient d'avoir conquise. A l'aspect de son char de triomphe mis en lambeaux, Rajed-Pacha s'écria, au milieu des siens que les décombres n'avaient pas frappés : « *Celui-là était bien de la race des Francs !* » éloge que le ciseau de l'histoire tracera comme une auréole autour de la tête de notre Concitoyen ! Ainsi mourut Triaire à l'âge de vingt-huit ans, le 30 décembre 1799 : tel fut le dernier acte de grandeur d'âme et d'abnégation qu'il consacra à l'honneur de son pays, et qui lui permettait de dire, à l'exemple de Léonidas : « Passant, vas annoncer à la France que je suis ici pour avoir obéi à ses lois ! »

L'ombre d'un doute ne peut ternir la sublimité de ce dévoûment. —— Dans ses numéros des 27 pluviôse, 29 ventôse, 3 et 4 germinal, an VIII, le *Journal des Débats* fit connaître l'ardent enthousiasme dont ce jeune artilleur était animé; la bravoure qu'il avait

déployée dans toutes les circonstances de sa vie mili-
taire ; et le loyal sacrifice qu'il avait fait de son avenir
sur l'autel de la patrie. L'auteur des Tables du Temple
de la Gloire, raconte cette mort à l'instar d'un événement
que la vérité historique a marqué de son sceau , et que
des preuves de la plus grande authenticité protègent
contre la moindre incertitude (7).

Le 23 janvier 1835, une enquête fut ouverte au Vigan
par les soins de l'autorité municipale , afin de savoir
ce que l'on devait croire de l'action d'éclat dont on
glorifiait le souvenir de cet autre Curtius. ——
Cinq vieux soldats de l'armée d'Egypte , qui vivaient
encore en cette ville ou dans ses environs , furent
appelés en témoignage et à soutenir ce qu'ils avaient
appris à cet égard , devant MM. Gendre, alors maire ,
Roger de Ginestous, colonel de la garde nationale ,
et Cazes, premier adjoint. Ces témoins affirmèrent
sur l'honneur, qu'ils ne pouvaient pas s'inscrire en faux
contre la généreuse résolution de leur ancien compagnon
d'armes et de leur ami ; qu'elle avait été signalée dans
un ordre du jour lu à la tête du corps d'armée auquel
ils appartenaient ; que tous les régiments en avaient
été officiellement instruits ; et que son récit faisait
toujours les délices et le charme des bivouacs.

A la lettre intéressante et circonstanciée que M. Amat
écrivit à M. Thiers, pour lui exprimer ses regrets de ce

(7) *Tables du Temple de la Gloire;* tom. XXVI , pag. 221.

qu'il avait gardé le silence sur l'action mémorable de Triaire, l'auteur de l'*Histoire du Consulat et de l'Empire* répondit qu'il avait fait droit à cette juste réclamation, et réparé l'omission tout-à-fait involontaire qu'il avait commise (8). Dans un nouveau tirage du 2me volume de son livre, M. Thiers, en effet, raconta l'acte glorieux de notre compatriote, avec ce style élégant, correct et précis qui le caractérise.

C'est donc avec justice qu'on a le droit d'attribuer à Triaire le trait glorieux pour lequel la France entière doit lui être reconnaissante.

Paris, le 5 mai **1845.**

Monsieur Amat,

(8) « J'aurais répondu plus tôt à la lettre que vous m'avez fait l'honneur de m'adresser le 19 mars dernier, si je n'avais voulu, en vous répondant, pouvoir vous annoncer que j'avais fait droit à votre juste réclamation. Il se fait en ce moment un nouveau tirage du second volume de mon *Histoire du Consulat et de l'Empire.* J'ai ajouté au récit de la prise du fort d'El-Arisch par les Turcs, quelques lignes consacrées à l'acte de dévoûment du brave Triaire.

En vous remerciant, Monsieur, de m'avoir signalé l'omission que j'avais commise, je viens vous prier d'être mon interprète auprès de votre collègue, M. Argelliés, qui m'a envoyé la déclaration de plusieurs citoyens du Vigan, relative au beau fait par lequel leur brave compatriote Triaire a couronné sa carrière.

Agréez, Monsieur, l'expression de ma considération la plus distinguée. »

A. THIERS.

Votre Commission ne craint pas de vous proposer, Messieurs, d'adresser, dans la délibération que vous allez prendre, une supplique au gouvernement de l'Empereur, jaloux de protéger toutes les grandes notabilités de la patrie, pour qu'il daigne autoriser une souscription nationale destinée à l'érection, sur une de nos places publiques, d'un monument digne de transmettre aux siècles futurs le souvenir de l'action héroïque par laquelle Triaire s'est ennobli. Alors, d'un côté, la statue du héros de Clostercamp; de l'autre, celle du héros d'El-Arisch: d'un côté, la gloire de l'ancienne monarchie; de l'autre, celle qui semblait être l'aurore des beaux jours du premier Empire; attesteraient à la Postérité qu'en ce noble pays de France, le dévoûment est l'apanage de toutes les positions sociales, et que l'honneur, comme un rayonnement d'en haut, exalte à l'unisson l'âme de toutes les classes de la société. Alors, le Vigan serait heureux et fier de pouvoir perpétuer la mémoire de cette double illustration, et apprendre à ses enfants que la magnanimité, quel que soit le cœur d'où elle émane, mérite toujours l'admiration et le respect des hommes, et qu'elle reçoit tôt ou tard de leur gratitude la récompense qui lui est due.

Après cette lecture, le Conseil municipal appelé à délibérer, adopte le projet de la Commission et vote à l'unanimité l'impression de ce Rapport aux frais de la Commune.

www.ingramcontent.com/pod-product-compliance
Lightning Source LLC
Chambersburg PA
CBHW050732070726
47597CB00009B/3889